Illustrationen: Susanne Schwandt
Umschlaggestaltung: Manuela Wiedensohler,
unter Verwendung einer Illustration von Susanne Schwandt
Alle Rechte vorbehalten – Gedruckt in der Tschechischen Republik
© Verlag Herder Freiburg im Breisgau 2004
www.herder.de
Satz und Layout: POS Onspot Simon & Pfetzing, Freiburg
Druck und Einband: Graspo, Tschechische Republik, 2004
ISBN 3-451-28485-5

Barbara Cratzius

Das Weihnachtsbuch für Groß und Klein

Mit Illustrationen von Susanne Schwandt

HERDER

FREIBURG · BASEL · WIEN

Inhaltsverzeichnis

Weihnachten

Sternsinger

Winterzeit

8

Wie viele Kerzen findest du?

Wir sagen euch an den lieben Advent

(Text: Maria Ferschl, Melodie: Richard R. Klein)

Wir sa - gen euch an den lie - ben Ad - vent.
Wir sa - gen euch an eine hei - li - ge Zeit.

Se - het, die ers - te Ker - ze brennt!
Ma - chet dem Herrn die Wege be reit!

Freut euch, ihr Chris - ten, freu - et euch sehr!

Schon ist na - he der Herr

Wir sagen euch an den lieben Advent.
Sehet, die zweite Kerze brennt!
So nehmet euch eins um das andere an,
wie auch der Herr an uns getan.
Freut euch, ihr Christen,
freuet euch sehr!
Schon ist nahe der Herr.

Wir sagen euch an den lieben Advent.
Sehet, die dritte Kerze brennt!
Nun tragt eurer Güte hell leuchtenden Schein
weit in die dunkle Welt hinein.
Freut euch, ihr Christen,
freuet euch sehr!
Schon ist nahe der Herr.

Wir sagen euch an den lieben Advent.
Sehet, die vierte Kerze brennt!
Gott selber wird kommen, er zögert nicht.
Auf, auf, ihr Herzen und werdet licht!
Freut euch, ihr Christen,
freuet euch sehr!
Schon ist nahe der Herr.

Wissen rund um den Advent

Weißt du, was Advent bedeutet? Advent ist gar kein deutsches Wort. Es kommt aus dem Lateinischen. Das Wort Advent bedeutet „Ankunft". Mit „Ankunft" ist gemeint, dass Jesus Christus kommen wird. Er wird als Baby in einer Krippe in die Welt kommen, um sie vor dem Bösen zu retten. Die Adventszeit ist also eine Wartezeit: warten auf die Geburt des Christkindes, auf Weihnachten.

Die Christen bereiten sich in der Adventszeit vier Wochen lang auf die Geburt Christi vor. Sie erinnern sich mit dieser Wartezeit an die Menschen, die damals, als Jesus geboren wurde, schon ganz lange darauf gewartet hatten, dass der Retter der Welt kommt. Gott hatte ihnen versprochen, einen Retter zu senden.

Es haben sich viele schöne Bräuche für die Adventszeit entwickelt. Der Weg auf Weihnachten zu mit Basteln, Singen, mit Lebkuchenduft, Kerzenschein und Tannengrün kann die dunklen Wochen vor Weihnachten hell und froh machen.

Adventskranz

Der Brauch des Adventskranzes stammt nicht aus dem mit reichen Bräucher gesegneten Süden Europas, sondern aus dem Norden Deutschlands. Vor 150 Jahren leitete der evangelische Pfarrer Johann Hinrich Wichern in Hamburg ein Heim für Waisenkinder. Er ließ einen wagenradgroßen Holzreifen an die Decke des Saales hängen, an dem von Tag zu Tag in der Adventszeit eine Kerze mehr angezündet wurde. Die Kinder versammelten sich unter dem Kerzenschein, beteten und sangen miteinander. Später wurde dieser Holzreifen mit grünen Zweigen geschmückt.

So hat der Adventskranz Einzug in unsere Häuser gefunden.

An jedem Adventssonntag zünden wir eine Kerze an.

Dieser adventliche Brauch lädt Jahr für Jahr Kinder und Erwachsene ein, kreative Ideen zu entwickeln und den grünen Kranz festlich zu schmücken.

Der Adventskranz hat keinen Anfang und kein Ende. Er ist Zeichen für Gott. Gott war immer und wird immer sein: ohne Anfang und Ende.

Adventskalender

Warten – das fällt besonders den Kindern schwer. Schon in der Mitte des 19. Jahrhunderts ersannen verständnisvolle Eltern den Adventskalender, der die lange Zeit des Wartens überbrücken sollte. In manchen Familien wurden in der Adventszeit von Tag zu Tag weihnachtliche Bilder aufgehängt. Oft wurde auch täglich ein Strohhalm mehr in die Krippe gelegt, bis am Heiligabend das Krippenkind nicht mehr auf hartem Holz, sondern auf weichem Stroh schlafen konnte. Den ersten industriell gefertigten Adventskalender erdachte ein schwäbischer Pfarrerssohn, Gerhard Lang, 1904 in München. Seitdem gibt es Adventskalender in vielen Varianten in unseren weihnachtlich geschmückten Häusern.

Die Kinder öffnen jeden Tag in der Adventszeit ein Türchen am Adventskalender. So wächst die Freude und Erwartung in den Wochen vor Weihnachten, bis dann am Heiligabend die „Zeit erfüllt" ist. Dann steht die Tür zum Stall weit offen, und wir können mit Hirten und Königen und vielen Menschen zur Krippe kommen.

Geheimnisvolle Zauberkugel

Das brauchst du:
- Eine Acrylglaskugel aus dem Bastelgeschäft
- Schätze aus dem Winterwald (Zapfen, Moos, Hagebutten, Distelblüten oder Ähnliches)
- etwas selbst Gebasteltes
- goldene Sprühfarbe

So geht's:
Die Schätze aus dem Winterwald lassen sich mit goldener Sprühfarbe verschönern. Dann legst du sie in die eine Hälfte der Kugel. Du kannst die Schätze aus dem Winterwald auch in eine kleine Knetkugel stecken. Dann ergeben sie kleine Gestecke wie aus dem Blumenladen. Als Weihnachtsgeschenk kannst du ein Gedicht besonders ordentlich aufschreiben, aus dem Papier ein Päckchen falten und dieses dann außen golden einsprühen. Lege auch das Päckchen oder etwas anderes selbst Gebasteltes in die Kugel. Dann verschließe die Kugel. Nun hast du eine tolle, geheimnisvolle Zauberkugel. Wenn du sie über dem Heizkörper aufhängst, dreht sie sich wie von Zauberhand.

Licht im Advent

Advent, Advent, die erste Kerze brennt.
Lasst uns nun singen: Seid traurig nicht mehr.
In unser Dunkel
kommt tröstend der Herr.

Advent, Advent, die zweite Kerze brennt.
Lasst uns nun hoffen: Der Stern über'm Feld
zeigt uns schon heute
den Herrn dieser Welt.

Advent, Advent, die dritte Kerze brennt.
Lasst uns vertrauen: Das Wunder geschah!
Seht, Jesus Christus
ist heute uns nah.

Advent, Advent, die vierte Kerze brennt.
Lasst uns nun jubeln: Ein Kind wird gebor'n,
nun sind wir Menschen
hier nicht mehr verlor'n.

Zwergenkekse

Das brauchst du:

- 60 Gramm Butter
- 60 Gramm Zucker
- 60 Gramm Honig
- 50 Gramm Orangeat
- 300 Gramm gemischte Kerne und Nüsse (Pinienkerne, Sonnenblumenkerne, Sesamkerne, Haselnüsse, Walnüsse...)
- 3 Esslöffel Vollkornmehl
- 50 Vollkornoblaten

Und so geht's:

Die Butter in einem Topf erhitzen und dann mit dem Zucker, dem Honig, dem kleingeschnittenen Orangeat, dem Zitronat, den Kernen und dem Mehl vermischen. Also: Alles gut verrühren.

Leg Backpapier auf die Backbleche, verteile die Oblaten gleichmäßig. Dann gibst du mit einem Teelöffel gleichmäßig kleine Häufchen der süßen Masse auf die Oblaten. Bei 200 Grad müssen die Kekse nun ca. 15 Minuten backen.

Was rufen denn da die Zwerge?

„Kommt her zu uns sieben, sieber Zwergen,
dort hinter den sieben, sieben Bergen.
Kennt ihr denn unseren Zwergenschmaus?
Wir bieten ihn an im Zwergenhaus.
Ach, was naschen wir Zwerge so gerne –
Probiert doch auch unsre sieben Kerne!"

Und, haben dir die Zwergenkekse geschmeckt?

Knusperhäuschen der Weihnachtswichtel

Die Weihnachtswichtel haben tief im Wald ein wunderschönes Knusperhäuschen gebacken. Sie wollen darin zusammen Weihnachten feiern. Deshalb haben sie ihr Häuschen mit Lebkuchen, Nüssen, Brezeln und Schokoladenherzen verziert. Am Zaun und am Schornstein klebt Zuckerwatte. Die Wichtel haben viele Tage damit verbracht, ihr Häuschen zu schmücken.

Als es fertig war, sind sie in den Wald gezogen, um Feuerholz zu sammeln. „Pass gut auf unser Häuschen auf", bat der Oberwichtel den Kater, „damit die Spatzen, Krähen und Raben, die Häschen und Mäuse nicht an unserem Häuschen knabbern!"

„Klar, mach ich!", versprach der Kater.

So zogen die Wichtel in den Wald.

Viele Stunden lag der Kater auf der Lauer und passte auf das Häuschen auf. Aber gegen Mittag wurde er so müde, dass ihm die Augen zufielen. Er rollte sich zusammen und schlief ein.

Als er aufwachte, war es schon fast wieder dunkel.

Aber – was war mit dem Häuschen passiert?

Schaut euch die beiden Häuschen an und findet die zehn gestohlenen Süßigkeiten. Wer kann das gewesen sein?

20

Wie viele
Schuhe
warten auf
den
Nikolaus?

Lasst uns froh und munter sein

(Volksgut aus dem Rheinland)

Lasst uns froh__ und mun-ter sein und uns recht__ von__

Her - zen freun! Lus - tig, lus - tig tral - la - la - la - la:

Bald ist Ni-ko - laus - abend da! Bald ist Ni-ko - laus - abend da!

Dann stell ich den Teller auf,
Niklaus legt bestimmt was drauf.
Lustig, lustig tralla-lala-la …

Wenn ich schlaf, dann träume ich:
Jetzt bringt Niklaus was für mich.
Lustig, lustig tralla-lala-la …

Wenn ich aufgestanden bin,
lauf ich schnell zum Teller hin.
Lustig, lustig tralla-lala-la …

Niklaus ist ein guter Mann,
dem man nie genügend danken kann!
Lustig, lustig tralla-lala-la …

Wissen rund um Nikolaus

Jedes Jahr am 6. Dezember feiern wir das Fest des Nikolaus.
Aber weißt du auch, wer der heilige Nikolaus war?

Er lebte vor über 1500 Jahren in der Hafenstadt Myra. Myra liegt in der
heutigen Türkei. Nikolaus hatte von seinen Eltern sehr viel Geld geerbt. Er
nahm es und half damit vielen Menschen, die in Not waren. Von solchen Hilfsaktionen gibt es viele Legenden. Lass dir zwei erzählen:
Eines Tages hörte Nikolaus von einem armen Mann, der seinen Töchtern keine
Aussteuer geben konnte. Ohne Aussteuer aber konnten die drei Mädchen nicht
heiraten. Deshalb hatte der unglückliche Vater beschlossen, seine älteste Tochter auf
dem Markt zu verkaufen.
Als der Bischof Nikolaus davon hörte, war er sehr entsetzt. Er hatte großes Mitleid
und beschloss, den Mädchen zu helfen. Er schlich sich nachts zum Haus der armen
Familie und warf drei Säckchen mit Gold durch das Fenster. Am nächsten Morgen
entdeckten die Mädchen das Gold. Sie waren gerettet!

Zu jener Zeit, als Bischof Nikolaus lebte, kam eine große Hungersnot über die Stadt Myra. Niemand hatte mehr genug zu essen. Auch die Kinder mussten Hunger leiden. Da lief ein großes Schiff im Hafen ein, das mit Getreide beladen war. Doch die Seeleute wollten den hungernden Menschen nichts davon abgeben. „Wir müssen das Getreide zu unserem Kaiser bringen", war ihre Begründung. Da machte Bischof Nikolaus ihnen einen Vorschlag: „Gebt uns von dem Getreide, wir backen Brot daraus. Das wird euren Kaiser erfreuen und uns satt machen."

„Nein", sagte der Kapitän, „unser Kaiser ist streng!"

Nikolaus versprach dem Kapitän, dass ihnen bei der Heimkehr in Konstantinopel kein Körnchen Weizen fehlen würde. Und – o Wunder – die Kornschiffe konnten mit gleicher Ladung weiterfahren, obwohl sie viele Säcke Korn für die hungernden Menschen abgeladen hatten.

Wieder hatte Nikolaus den Menschen geholfen.

Der bekannteste Brauch zum Nikolaustag ist der, dass die Kinder ihre geputzten Schuhe oder ihre Strümpfe am Vorabend ans Fenster oder vor die Tür stellen und der Nikolaus diese über Nacht mit Süßigkeiten und Geschenken füllt. Früher war Nikolaus der Tag der Geschenke, ähnlich wie es noch heute weitgehend in Holland üblich ist.

Schon gewusst?

25

Nikolaus, leer deine Taschen aus!

Das brauchst du:

- Einen Meter roten Filz
- verschiedenfarbige Filzreste
- Schere, Klebestift, Nadel und Faden
- Pappe
- Watte
- Vorhangring/Schlüsselring oder Ähnliches

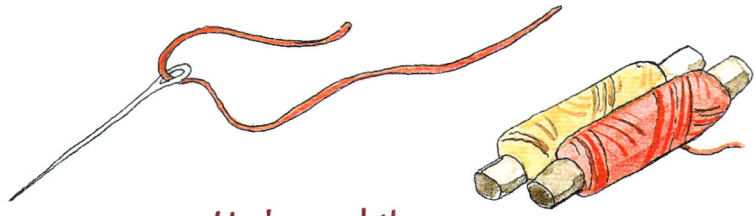

Und so geht's:

- Schneide ein großes abgeflachtes Dreieck aus dem roten Filz – der Mantel des Nikolaus.
- Schneide Bischofsmütze (Mitra) und Stiefel aus dem roten Filz
- Schneide ein Gesicht aus hellem Filz aus.
- Mund, Nase und Augen kannst du aus Filzresten ausschneiden und aufkleben oder das Gesicht aufmalen.
- Klebe Pappe hinter den Mantel und das Gesicht, damit der Nikolaus stabiler ist.
- Schneide aus Filzresten zwei Taschen aus und nähe sie auf den Körper – Mama hilft bestimmt.
- Nähe Mütze, Kopf und Körper zusammen, klebe Bart und Augenbrauen aus Watte auf.
- Zuletzt nähst du den Ring an die Mütze, damit du den Nikolaus aufhängen kannst.

Fertig!

Und was kommt in die Taschen?
Kleine Überraschungen natürlich!

Heute kommt der Nikolaus

(Volksgut)

Nikolaus, du guter Mann,
hast einen schönen Mantel an.

Die Knöpfe sind so blank geputzt,
dein weißer Bart ist fein gestutzt.

Du kamst den weiten Weg von fern,
und deine Hände geben gern.

Du weißt, wie alle Kinder sind:
Ich glaub, ich war ein braves Kind.

Sonst wärst du ja nicht hier
Und kämst auch nicht zu mir.

Du musst dich sicher plagen,
den schweren Sack zu tragen.

Darum, lieber Nikolaus,
packe ihn doch einfach aus.

Leckere Nikoläuse

Das brauchst du:

Teig:

    Fertige Backmischung für Schoko-Mandelkuchen

Verzierung:

- 300 Gramm Puderzucker
- 1 Zitrone
- rote Speisefarbe

So geht's:

Den Teig nach Backanleitung in einer Springform backen (Ø 26 cm).
Nach dem Backen den Teig in der Form lassen und umgedreht auf einen Küchenrost legen. Nun kann der Teig abkühlen, ohne dass er zusammenfällt.
Dann schneide den abgekühlten Teig in acht oder zehn Stücke.

Für die Verzierung musst du den Puderzucker und drei Esslöffel Zitrone zu einem sehr dicken Guss verrühren.
Dann fülle vier Esslöffel von der weißen Masse in eine Gefriertüte. Verschließ die Tüte gut. Den restlichen Zuckerguss färbe mit der Lebensmittelfarbe zur Hälfte rot und zur Hälfte grün. Füll auch die farbige Masse in Gefrierbeutel.
Nun schneide von jedem Beutel eine kleine Ecke ab. So kannst du ganz leicht die Kuchenstücke zu Wichteln verzieren.

Hm, lecker!

Die Sterntaler
(nach Hans Christian Andersen)

Es war einmal ein kleines Mädchen, das weder Vater noch Mutter hatte. Niemand kümmerte sich um das Kind. Das Mädchen hatte kein Dach über dem Kopf und auch kein Bett, in dem es hätte schlafen können. Sein einziger Besitz waren die Kleider, die es trug und ein Brot, das ihm ein mitleidiger Bäcker geschenkt hatte.

So lief das Mädchen ziellos durch die Straßen. Da begegnete ihm ein armer Mann, der sprach: „Ach, ich bin so hungrig. Gibt mir etwas zu essen!" Das Mädchen hatte ein gutes Herz, gab dem Mann das ganze Brot und sprach: „Gott segne dir's!"

Das Mädchen ging weiter und begegnete einem Kind, das noch viel ärmer war, denn es hatte nichts anzuziehen. „Mir ist so kalt, kannst du mir nicht dein Jäckchen geben?" Da zog das kleine Mädchen seine Jacke aus und schenkte sie dem Kind.

Wieder eine Weile später kam ein Kind und bat um Kleidung, dann noch eins, dann noch eins. Es verschenkte seine Kleider an die frierenden Kinder, bis es selbst nur noch ein Hemdchen trug.

Und wie es so auf der Straße vor der Stadt stand, fielen auf einmal Sterne vom Himmel. Erst einer, dann immer mehr. Das Mädchen fing sie mit seinem Hemdchen auf. Da wurden die Sterne zu Gold.

Das kleine Mädchen, das alles verschenkt hatte, war reich für alle Zeit.

Wie viele
Engel
sorgen für
ein tolles
Fest?

33

Haben Engel wir vernommen
(Volksgut aus Frankreich)

Haben En-gel___ wir ver-nommen, sin-gen___ ü-ber___
Fel-der weit, E-cho ist vom___ Berg ge-kom-men,
kün-det___ hell die Fro-he Zeit. Glo – ri – a___,
Glo – ri – a___, Glo – ri – a___, Glo-ri-a,
in ex-cel-sis De – o De___ – o

Sagt ihr Hirten, welche Kunde
Weckt in euch der süße Klang?
Dass sich wie aus Engels Munde
Hebet euer Lobgesang?
Gloria in excelsis Deo.

Strahlt ein Stern vom Himmel nieder,
alle Welt sieht seinen Schein.
Höret Gottes Botschaft wieder:
Friede soll auf Erden sein!
Gloria in excelsis Deo.

Federengelchen

Das brauchst du:

- Weiße Federn aus dem Bastelladen in unterschiedlicher Größe
- Pappreste
- Schere
- Klebstoff/Heißklebepistole
- Weißes Perlgarn
- Watte

So geht's:

Klebe aus den Federn Flügel zusammen und schmücke den oberen Rand mit ganz kleinen Federn. Wenn du eine Heißklebepistole benutzt, lass dir von einem Erwachsenen helfen.

Schneide aus der Pappe ein Engelsköpfchen mit Hals aus, male ein Gesicht drauf, und benutze die Watte für die Haare.

Dann klebe alles zu einem Engel zusammen. Vergiss die Schnur zum Aufhängen nicht!

Oh, welch ein wundervoller Baumschmuck!

Ein neugieriger Stern

Max Bolliger

Ein neugieriger Stern,
der kleinste von allen,
ließ sich auf die Erde fallen.
Er sagte, dass er vom Himmel sei,
trotzdem liefen die Menschen vorbei.
Da wollte er heim und wusste nicht wie,
so hilflos war er wirklich noch nie.

Aber Gott ist gut,
auch den kleinsten Stern
hat er gern.
Er sprach:
Fallen kann der Stern allein,
zum Tragen müssen es Engel sein.
Er schickte sie schnell,
sie holten ihn
und steckten den Stern an den Himmel hin.

Wölkchen

Das brauchst du:

- 200 Gramm gehackte Walnusskerne
- 3 Eiweiß
- 150 Gramm Zucker
- 1 Teelöffel Rum
- Backpapier

Und so geht's:

Die Eiweiße mit dem Handrührgerät so lange quirlen, bis steifer Eischnee entsteht. Gib dann langsam und unter Rühren den Zucker dazu. Stell die Rührschüssel in heißes, aber nicht kochendes Wasser und rühre so lange weiter, bis die weiße Masse glänzt und Fäden zieht. Nun nicht mehr rühren, sondern den Rum und die Nüsse mit einem Löffel vorsichtig unter die Masse heben.

Heize den Backofen vor auf 140 Grad. Lege das Backpapier auf das Backblech. Nun kannst du mit einem Teelöffel kleine weiße Häufchen auf dem Backpapier platzieren. Schiebe das Blech für 20 – 25 Minuten in den Ofen. Die Wölkchen sollten weiß bleiben.

Auf einer dunkelblauen Serviette angerichtet, sehen sie besonders dekorativ und lecker aus.

Der kleine Engel an der Krippe

Mama hat die Kerzen an der Weihnachtspyramide angezündet. Langsam fängt die Pyramide an, sich zu drehen. Die Palmen an der Krippe, Josef mit der Laterne, Maria mit dem roten Kleid, Ochs und Esel – sie alle drehen sich im Kreis.

„Eigentlich fehlt noch etwas," bemerkt Michael. „Da sind doch bestimmt auch Engel an der Krippe gewesen."

„Da oben am Adventskranz hängt doch ein kleiner Engel!," beschwichtigt ihn der Vater. „Der kann genau in die Krippe gucken."

Abends im Bett denkt Michael noch einmal an die Krippe. Doch was ist das?

Schwebt da nicht ein Engel vom Adventskranz hinunter zu den Schafen und Hirten?

„Schön, dass du da bist," hört Michael einen alten Hirten zu dem Engel sagen. „So ein Engel hat uns wirklich gefehlt. Nun sind wir vollständig." Und dann, hörst du das auch? Der Engel singt dem Kind in der Krippe ein Schlaflied vor. Das klingt so schön, dass sogar Ochs und Esel ihre Köpfe im Takt der Musik bewegen – himmlisch.

„GRRRRING!!!" Da klingelt der Wecker. Michael springt aus dem Bett und rennt zur Pyramide. Die Figuren stehen still und der Engel schwebt über ihnen. Alles sieht aus wie gestern Abend. Oder doch nicht? Hat sich der Engel nicht ein bisschen bewegt? Und blinzelt der alte Hirte nicht mit dem rechten Auge? Und – da liegt doch eine Engelsfeder neben der Krippe!

„Mama, ich freu mich so auf Weihnachten!"

Wie viele
Kerzen
schmücken
den Baum?

42

Stille Nacht

(Text: nach Joseph Mohr; Melodie: nach Franz Xaver Gruber)

Stil - le Nacht! Hei - li - ge Nacht! Al - les schläft;

ein - sam wacht nur das trau - te hoch - hei - li - ge Paar.

Hol - der Kna - be im lo - cki - gen Haar, schlaf' in himmlischer

Ruh_____, Schlaf' in himmli - scher Ruh_____!

Stille Nacht! Heil'ge Nacht!
Gottes Sohn, o wie lacht
Lieb' aus deinem göttlichen Mund,
da uns schlägt die rettende Stund'.
|: Jesus in deiner Geburt! :|

Stille Nacht! Heil'ge Nacht!
Hirten erst kundgemacht
durch der Engel Alleluja,
tönt es laut bei ferne und nah:
|: „Jesus der Retter ist da!" :|

Wissen rund um Weihnachten

Weihnachten bedeutet so viel wie geweihte, heilige Nacht. Die Nacht ist so besonders, weil Christus geboren wurde: Weihnachten ist das Fest der Geburt Christi. Warum der Geburtstag auf den 25. Dezember festgelegt wurde, ist nicht mehr festzustellen, zumal der genaue Tag der Geburt Jesu nie ermittelt worden ist. Auch die Bibel gibt keine genaue Auskunft hierüber. Wahrscheinlich ist, dass man zur Zeit der Christianisierung Weihnachten auf den 25. Dezember legte, weil an diesem Tag viele heidnische Feiertage zusammenfielen und man so den Übergang von heidnischem Brauchtum auf die christliche Religion erleichtern konnte. Die Römer feierten am 25. Dezember das Fest des unbesiegbaren Sonnengottes. Für die Christen war Christus der Lichtbringer, die wahre Sonne. So konnten sie diesen Termin gut annehmen.

Das Weihnachtsfest war zu allen Zeiten ein fröhliches Fest, war doch Gott seit diesem Tag kein abstrakter Begriff, sondern durch seinen Sohn mitten unter uns zu finden. Und diese Fröhlichkeit lebt fort in den Weihnachtsgeschenken, die es immer gegeben hat als Symbol für die Gabe der Hirten, die herbeieilten, um die Geburt des Herrn zu feiern.

Und wenn wir auf der Suche nach passenden Geschenken für unsere Lieben sind, dann sollten wir nicht vergessen, dass das Schenken zu Weihnachten auch ein Zeichen ist: Wir selbst sind mit dem Kind in der Krippe beschenkt worden und unsere Gaben sollen ein Ausdruck der Dankbarkeit und Liebe sein.

Weihnachtsbräuche in Polen:

Polnische Kinder warten am Heiligen Abend geduldig, bis der erste Stern am Himmel steht. „Das ist der Stern von Bethlehem!", rufen sie. Dann gibt es ein großes Festessen. Vor dem Essen teilt die Familie eine große Oblate. Das ist ein ganz dünnes Brot, von dem jeder, auch die Haustiere, ein Stück abbekommt. Zwei Plätze am Tisch bleiben frei, denn vielleicht kommen ja die Herbergssuchenden – Jesus und Maria – vorbei. Nach dem Essen gibt es für die Kinder Geschenke.

Heiligabend in Griechenland

Griechische Kinder ziehen am Heiligen Abend singend durch die Straßen. Sie klopfen bei den Nachbarn und erbitten Nüsse und Süßigkeiten.

Heilige Nacht in Spanien und Portugal

Hier wird das Weihnachtsfest laut und fröhlich gefeiert. Nach der Mitternachtsmesse wird um ein großes Kohlenfeuer gesungen und getanzt. Geschenke gibt es erst am Tag der Heiligen Drei Könige, am 6. Januar.

Leuchtende Weihnachtskrippe

Das brauchst du:

- Schwarzes Tonpapier
- Blaues, oranges und gelbes Pergamentpapier
- Klebestift
- Schere
- ein altes Marmeladenglas
- ein Teelicht

So geht's:

Nimm die Krippenabbildung aus diesem Buch als Schablone.
Zeichne die Krippe auf das Tonpapier und schneide sie vorsichtig aus.
Wenn das zu schwierig ist, bitte jemanden um Hilfe.
Nun schneidest du das blaue Pergamentpapier so breit zu,
wie der Himmel ist, und klebst es hinter das Tonpapier.
Das gelbe Tonpapier klebst du hinter die Krippe, das orange hinter die Landschaft.
Dann klebst du die rechte und linke Kante der Krippenszene zusammen.
Stell das Marmeladenglas in die Mitte, lege das Teelicht hinein,
zünde es vorsichtig an. Erst Mama fragen!

Nun leuchtet unsere Weihnachtskrippe.

An der Krippe

Es stand am Himmel ein heller Stern,
den sah ein jeder nah und fern.
Alle zogen nun los über Stock und Stein.
Sie wollten schnell beim Christkind sein.

Seht, wie die Hirten laufen und springen,
sie wollen dem Kind ein Hirtenlied singen.
Auch kommen Kamele von Osten gezogen,
Spatzen und Schwalben sind hergeflogen.

Mit lautem Jubel fallen sie ein,
doch Josef bittet sie, leise zu sein.
„Ihr wisst, heut ist die Heilige Nacht,
da wird an der Krippe kein Krach gemacht!"

Sie traten auf Zehenspitzen herein,
das Kind in der Krippe war noch ganz klein.
Alles kniet nieder auf Heu und auf Stroh,
betrachtet das Christkind und lächelt froh.

Essbarer Baumschmuck

Das brauchst du:
- Schleifenband

Für den Teig:
- gekühlten Mürbeteig
  (aus dem Supermarkt)

Für die Verzierung:
- 200 Gramm Puderzucker
- 2 – 4 Esslöffel Zitronensaft,
- bunte Speisefarbe und Zuckerschrift,
  Zuckerperlen, kandierte Kirschen
  (aus dem Supermarkt)

So geht's:

Den Teig auf einer dünnen Mehlschicht ausrollen. Dann viele verschiedene Formen ausstechen. Mit einer dicken Stricknadel oder einem Trinkhalm kannst du ein Loch für das Schleifenband ausstechen. Dann Plätzchen auf das Blech legen und bei 150 Grad 10 bis 15 Minuten backen.

Für die Verzierung Puderzucker und Zitronensaft verrühren. Die Masse in Portionen teilen und diese dann mit Speisefarben bunt einfärben.

Dann die Plätzchen mit Zuckerguss, Perlen, Zuckerschrift und den Kirschen verzieren. Sind die Plätzchen trocken, kannst du sie mit dem Schleifenband am Baum aufhängen.

Anna und der Hirtenjunge

Wütend wirft Anna ihre Flöte hin. Mindestens zehnmal hat sie das Lied „Kommet ihr Hirten" schon geübt. Aber immer wieder klingt es falsch. Das passiert meinem großen Bruder Florian bestimmt nicht, wenn er den Großeltern an Heiligabend Weihnachtslieder auf dem Klavier vorspielt. „Stille Nacht" kann er besonders gut.
„Dann mal ich eben ein Weihnachtsbild für Oma und Opa", beschließt sie.
Zuerst malt Anna Schafe. Schafe kann sie am besten: schönes, lockiges Fell, langer Kopf, dünne Beine. Dann malt Anna einen Hirten – mit Schlapphut und Hirtenstab. Der Hirte sieht aus wie Karl. Karl geht mit Anna in den Kindergarten und hat beim Krippenspiel auch so einen Hut aufgehabt. Neben den Hirten malt Anna einen kleinen Hirtenjungen mit ganz vielen dunklen Locken. Er spielt Flöte – so wie Benni beim Krippenspiel.
„Benni verspielt sich auch manchmal", denkt Anna und ist schon ein bisschen weniger wütend.

„Das hast du toll gemacht!", hört sie da plötzlich eine Stimme. War das die Stimme
des kleinen Hirtenjungen? „Mal doch auch noch den Stall und die Krippe dazu.
Maria und Josef, einen hellen Stern und so. Weißt du, die Hirten wollten mich eigentlich gar nicht mitnehmen. Sie haben gesagt, ich sei noch zu klein. Und sie haben be-
hauptet, dass ich noch gar nicht richtig Flöte spielen könne. Aber ich bin ihnen heim-
lich nachgelaufen. Im Stall habe ich dem Kind in der Krippe ein Abendlied vorgespielt.
Maria und Josef haben mir zugelächelt. Das Kind in der Krippe ist eingeschlafen."

„Sag mal, träumst du?", fragt Florian und steckt den Kopf zur Tür herein. „Nein, ich
male", sagt Anna fröhlich. „Und an Heiligabend spiele ich ein Hirtenlied vor. Ein
Hirtenlied und noch ein Abendlied! Ich freu mich schon ganz doll darauf!"

An wie vielen Türen haben die Sternsinger schon Halt gemacht?

Es ist für uns eine Zeit angekommen

(Text: Barbara Cratzius; Melodie Es ist für uns eine Zeit angekommen, nach einer Schweizer Volksweise)

Es ist für uns ei - ne Zeit an - ge-kom - men, da leuch - tet uns ein___ hel - ler Stern. Und wir Kö - ni - ge___ wan - dern fort, wan - dern fort, wan - dern fort, su - chen Chris- tus___ un - sern Herrn.

Es ist für uns eine Zeit angekommen,
der Stern, er leuchtet am Himmelszelt.
Weit ist der Weg durch Stein und Sand,
Stein und Sand,
Stein und Sand,
bis wir finden den Herrn der Welt.

Es ist für uns eine Zeit angekommen,
der Stern, er bleibt nun stille stehn.
Seht das Kindlein dort im Stall,
dort im Stall,
dort im Stall.
Lasst uns hin zur Krippe gehen.

Es ist für uns eine Zeit angekommen,
es strahlt uns allen noch heut der Stern.
Gott behüte Hof und Haus,
Hof und Haus,
Hof und Haus.
Danket alle Gott, unser'm Herrn.

56

Wissen rund ums Sternsingen

Der Brauch des Sternsingens ist sehr alt. Schon im 16. Jahrhundert verkleideten sich Schüler als Sternsinger, als Weise aus dem Morgenland, von denen in der Bibel berichtet wird:

Die drei weisen Männer Caspar, Melchior und Balthasar folgten einem Stern bis nach Bethlehem. Dort huldigten sie Jesus, dem neugeborenen König der Juden, mit kostbaren Geschenken. Drei Könige, die in verschiedenen Ländern aufgebrochen sind, um dem Stern nach Bethlehem zu folgen, sind ein Symbol dafür, dass Jesus zu allen Völkern gekommen ist, weil Gott alle Menschen liebt.

In unseren Tagen ist der Brauch des Sternsingens neu belebt worden. Schon einige Tage vor dem 6. Januar ziehen Kinder, die sich als Caspar, Melchior und Balthasar verkleidet haben, von Haus zu Haus. Sie tragen den Stern von Bethlehem vor sich her, folgen ihm also, wie die weisen Männer damals. Mit Kreide schreiben sie den lateinischen Segensspruch „Christus Mansionem Benedicat" (Christus segne dieses Haus) über die Türen der Leute, die sie besuchen. Die Anfangsbuchstaben des Segensspruches sind gleichzeitig die Anfangsbuchstaben der drei Könige.

Die Sternsinger bitten dann um eine Spende für Not leidende Kinder in aller Welt. Daraus hat sich eine der weltweit größten Hilfsaktionen entwickelt. Das Kindermissionswerk zusammen mit dem Bund der Deutschen Katholischen Jugend unterstützt 4.000 Projekte für Not leidende Kinder in aller Welt.

Meistens bekommen die engagierten Sternsinger noch etwas Süßes für sich selbst dazu geschenkt.

Drei Könige

Die drei Weisen haben eine lange Reise auf sich genommen, um dem neugeborenen Christus zu huldigen. Aus diesem Grund sind sie später auch als Schutzpatrone der Reisenden verehrt worden. So erklärt sich auch, warum bis auf den heutigen Tag viele Gasthäuser „Zur Krone", „Zum Stern" oder „Zu den drei Königen" heißen.

Schon gewusst?

Schatzkästlein für die Sternsinger

Das brauchst du:
- eine alte Kaffee- oder Gebäckdose
- Goldfolie
- Klebstoff
- Sternchen und Pailletten
- Reste von Filz oder Samt
- jede Menge guter Ideen

Und so geht's:

Beklebe die Dose mit all den tollen Dingen, die glitzern oder samtig aussehen, bis du eine echte Schatzkiste vor dir stehen hast.

Was du mit dem Schatzkästlein machen sollst?

Das ganze noch vor dir liegende Jahr lang kannst du in dieser Kiste kleine Schätze sammeln. Das können Bastelideen sein, Rätsel, schöne Verse oder auch gute Vorsätze.

Wenn du dann im nächsten Jahr am Dreikönigsfest dein Kästchen ausleerst, wirst du ganz erstaunt darüber sein, was sich alles angesammelt hat. Sind alle guten Vorsätze erfüllt worden? Spannende Frage!

Wenn die Könige kommen

Drei Könige begeben sich auf eine Reise.
Dem Stern zu folgen, ist überaus weise.

Sie sind ganz prächtig angemalt.
Seht, wie über ihnen der Stern erstrahlt.

Der erste König trägt einen Bart, ganz weiß.
So stapft er tapfer durch Schnee und Eis.

Der zweite hat Decken sich umgehängt,
seine Füße in spitze Stiefel gezwängt.

Einen Turban hat sich der dritte gebunden,
und bunte Tücher umgeschlungen.

So singen die drei ihr Königslied,
und viele Kinder singen mit:

Wir kommen daher aus weiter Fern.
Es führt uns der helle Christusstern.

Sternsingergebäck

Das brauchst du:
- 8 hartgekochte Eigelb
- 250 Gramm Mehl
- 100 Gramm Butter oder Margarine
- 2 rohe Eigelb
- 100 Gramm Zucker
- 100 Gramm Zitronat (gewürfelt)
- 2–3 Teelöffel Zitronensaft
- 100 Gramm Marzipan-Rohmasse
- 100 Gramm Puderzucker
- 1 Messerspitze abgeriebene Zitronenschale
- gelbe Speisefarbe

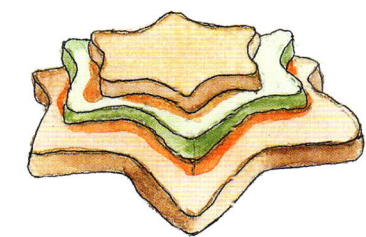

Zum Bestreichen:
1 Eigelb und ca. 3 Esslöffel Zitronengelee (oder Aprikosenkonfitüre)

Und so geht's:
Streiche die hartgekochten Eigelb durch ein Sieb und verknete sie mit Mehl und Fett, einem rohen Eigelb und Zucker zu einem festen Teig. Dann wickelst du den Teig in Folie und lässt ihn im Kühlschrank etwa eine Stunde ruhen.

Die Zitronatwürfel musst du mit dem Pürierstab zerkleinern. Dabei nach und nach den Zitronensaft zugeben, bis eine feine, streichfähige Masse entsteht. Diese verknete dann mit Marzipan, Puderzucker und der abgeriebenen Zitronenschale und rolle die Masse zwischen zwei Blättern Frischhaltefolie zu einer dünnen Platte aus.

Drei verschiedene Größen Stern-Ausstecher bereitlegen; mit dem mittleren Marzipansterne ausstechen.

Gekühlten Teig messerrückendick ausrollen und kleine sowie große Sterne ausstechen. Teigsterne mit dem Eigelb bestreichen und dann bei 175 Grad ca. 12 Minuten backen. Die Sterne mit dem Gelee zusammensetzen und zwar wie folgt: unten den großen Teigstern, dann den Marzipanstern, ganz oben den kleinen Teigstern.

Echte Sternsinger

Die Mutter zündet am Adventskranz die zweite Kerze an. Christian und Barbara hängen ihre schönen Goldsterne an den Kranz. „Wir wollen noch viel mehr Sterne basteln!", ruft Barbara. „Und Kronen für die Könige müssen wir auch schon anfangen! Im letzten Jahr beim Sternsingen hat ein Schneetreiben alle Kronen zerknittert. – Mama, hilfst du uns bei den Kronen und Königsmänteln?"

„Na, ihr fangt ja früh an!", sagt die Mutter lachend. – „In diesem Jahr wollen wir auch ganz besonders schöne Könige sein!", rechtfertigt sich Christian. „Wir haben nämlich einen tollen dunkelhäutigen König dazubekommen. Mambo kommt aus Namibia in Afrika. Sein Vater studiert hier in Deutschland. Da braucht sich keiner mit dunkler Schminke anzumalen! Er hat uns auch seinen Königsmantel gezeigt. So schöne bunte Muster habe ich noch nie bei uns gesehen."

Da kommen die kleinen Geschwister ins Zimmer gerannt. „Oh ja, Sterne ausschneiden", ruft Florian. „Und Kronen basteln! Wir auch!"

Christian guckt ganz böse. „Wehe, wenn ihr uns wieder einen Zacken aus der Krone umknickt!", ruft er. – „Lasst das Streiten!", sagt die Mutter. „Das gehört sich nicht für Sternsinger!"

Die Kleinen dürfen in diesem Jahr auch schon mitgehen. Die Könige haben bestimmt Geschenke für das Jesuskind mitgebracht. Da sind sicher viele Diener hinter ihnen hergezogen, haben die Kamele geführt und Lasten geschleppt.

„Und ich darf den hellen Stern tragen!", ruft Florian. „Das habt ihr mir im vorigen Jahr versprochen!"

Endlich ist es so weit. Christian schaut am 6. Januar ganz früh aus dem Fenster. „So viele helle glänzende Sterne!", ruft er. – „Keine Wolken, kein Regen oder Schneetreiben! Das wird ein wunderschönes Sternsingen!"

Nach dem Gottesdienst ziehen die Gruppen von der Kirche aus in die verschiedenen Straßen der Gemeinde. Hell klingen ihre Lieder. „Wir kommen aus fernem Morgenland" und „Wir sind die drei Könige". – Christian hat in diesem Jahr genügend Kreide mit. „Das wird reichen für die vielen Türen!", meint er. Überall werden die Kinder freundlich empfangen. Florian hält den Stern immer wieder hoch. „Mir tun allmählich die Arme schon weh!", jammert er. „Echte Sternsinger müssen das aushalten!", spottet Barbara.

Die Spendenbüchsen füllen sich. Ab und zu werden ihnen auch Marzipan und Nüsse zugesteckt. – Im letzten Haus wartet eine freundliche ältere Frau. „Ihr seid ja ganz durchgefroren!", ruft sie. „Wärmt euch hier in der Stube auf!"

Christian malt ganz besonders schön seine Buchstaben 20 + C + M + B + 04 an die Tür.

„Wir haben genau die gleichen Anfangsbuchstaben in unseren Namen!", ruft Barbara: „Christian, Mambo und Barbara!" „Ihr seid wirklich echte Sternsinger!", schmunzelt die Frau. „Im nächsten Jahr müsst ihr alle wiederkommen!" – „Und ich darf wieder den Stern tragen!" Florian ist mächtig stolz.

Schneeflöckchen, Weißröckchen

(Volkslied)

Schnee - flöck - chen, Weiß - röck - chen, jetzt_

kommst du ge - schneit. Du___ wohnst in den

Wol - ken, dein__ Weg ist so weit.

Komm, setz dich ans Fenster,
du lieblicher Stern.
Malst Blumen und Blätter,
wir haben dich gern.

Schneeflöckchen, Weißröckchen,
deck die Blümelein zu.
Dann schlafen sie sicher
in himmlischer Ruh.

Schneemann aus Pappmaché

Das brauchst du:

- Eierkartons
- weißes Seidenpapier
- Tapetenkleister
- Fingerfarben

Vorbereitung:

Pappmaché herstellen: Zerreiße die Eierkartons in kleine Stücke. Dann weiche Eierkarton-Schnipsel und Seidenpapier zwei Tage ein. Dazu benutzt du am besten heißes Wasser. Nach zwei Tagen wird die Masse ausgedrückt, mit Tapetenkleister vermengt und gut durchgeknetet.

Und so geht's:

Forme aus dem Pappmaché drei unterschiedlich große Kugeln.

Setze diese der Größe nach aufeinander. Nun forme eine dünne Wurst: Das wird die Nase des Schneemannes. Wohin du die kleben musst, weißt du selbst.

Drei kleine Kügelchen können als Knöpfe auf die mittlere Kugel geklebt werden.

Wenn alles gut getrocknet ist, kannst du den Schneemann mit weißer Fingerfarbe anmalen. Die Nase wird natürlich rot und die Knöpfe werden schwarz oder bunt gefärbt.

Vergiss nicht, dem Schneemann Augen und Mund zu malen, sonst sieht der ja gar nichts!

Nun hast du eine hübsche Winterdekoration für dein Kinderzimmer. Wenn es draußen kalt ist, bekommen viele Menschen eine Erkältung und müssen im Bett liegen. Vielleicht kennst du jemanden, der krank ist. Dem kannst du mit deinem Schneemann bestimmt eine Freude machen.

Genervter Schneemann

Wenn es dicke Flocken schneit
und der Wind fährt über's Dach,
werden nachts um zwölf die Puppen
und die Kuscheltiere wach.

Wie sie gähnen und sich recken,
auch die Puppe Lilofee.
Huch, es kribbeln ihr die Zehen,
ja, das macht der erste Schnee.

Lilofee weckt alle Tiere,
und sie ruft zum Teddy Franz:
„Komm, wir wollen endlich losgeh'n,
heute Nacht ist Schneemanntanz!"

Und sie schleichen vor die Türe,
oh, ich kann es deutlich seh'n,
wie sie um den Schneemann springen,
wie sie tanzen und sich dreh'n.

Pieps, da klettert ganz geschwinde
meine kleine Aufziehmaus
hoch am dicken Schneemannbauch,
zieht die Rübennase raus.

Meine graue Kuschelkatze
mag sonst gar nicht Eis und Schnee,
doch sie springt mit einem Satze
an dem Schneemann in die Höh.

Krallt sich in den dicken Stock,
klettert auf den Kopf geschwind.
Und nun sitzt sie stolz hoch oben,
reckt das Näschen in den Wind.

Doch der gute alte Schneemann
sieht allmählich böse aus.
„Fort!", brummt er. „Lasst mich in
Ruhe,
schert euch endlich fort ins Haus!"

Dichter wirbeln nun die Flocken,
und die Turmuhr einmal schlägt.
Stille wird's im Kinderzimmer,
nicht einmal die Maus sich regt.

Schneemanntorte

Das brauchst du:

- einen dunklen Biskuitboden
- 1–2 Apfelsinen
- 2 Gläser Preiselbeermarmelade
- 1/2 Liter Schlagsahne
- Schokoglasur

Für die Verzierung:

- 100 Gramm Puderzucker
- 1 Esslöffel Zironensaft
- Lakritzstangen
- Einige Hasel- und Walnüsse, rote Fruchtbonbons

Und so geht's:

Schneide den Tortenboden zweimal durch. Geht nicht? Mama fragen!
Nimm einen Backpinsel und streiche die Böden mit Apfelsinensaft ein. Klar, dazu
musst du vorher die Apfelsinen pressen.
Verrühre die steif geschlagene Sahne mit einem Glas Preiselbeermarmelade.
Nun bestreichst du den ersten Boden mit der Hälfte des zweiten Glases
Preiselbeermarmelade und gibst dann einen Teil der Sahnemischung obendrauf. Den
zweiten Boden legst du auf den ersten und bestreichst auch ihn mit Marmelade und
Sahnemischung. Nun leg den dritten Boden als Deckel darüber. Ihn bestreichst du mit
der Schokoglasur. Und jetzt? Warten, bis die Glasur fest ist!

Verzierung:

Zitronensaft und Puderzucker verrühren und in eine Spritztüte füllen. Jetzt kannst du
den Schneemann auf die Schokoglasur spritzen. Wie du ihn mit Lakritze, Nüssen und
Fruchtbonbons verzierst, ist deiner Phantasie überlassen.

Sieht doch super aus, oder?

Das kleine Mädchen mit den Schwefelhölzern
(nach Hans Christian Andersen)

Es war entsetzlich kalt und schneite am letzten Abend des Jahres, am Silvesterabend. In dieser Kälte und Finsternis ging auf der Straße ein kleines armes Mädchen ohne Jacke und mit nackten Füßen. Es hatte zwar Pantoffeln angehabt, als es von zu Hause fortging, aber was konnte das helfen! Es waren sehr große Pantoffeln, die früher von der Mutter des Mädchens getragen worden waren. Die Kleine hatte die Pantoffeln verloren, als sie über die Straße eilte, während zwei Wagen in rasender Eile vorüberjagten: Der eine Pantoffel war nicht wieder aufzufinden und mit dem anderen machte sich ein Knabe aus dem Staube, welcher versprach, den Pantoffel als Wiege zu benutzen, wenn er einmal Kinder bekäme.

Da ging nun das kleine Mädchen auf den nackten Füßchen, die vor Kälte ganz rot und blau waren. In ihrer alten Schürze trug sie eine Menge Schwefelhölzer und ein Bund hielt sie in der Hand. Während des ganzen Tages hatte ihr niemand etwas abgekauft, niemand ein Almosen gereicht. Hungrig und frostig schleppte sich die arme Kleine weiter und sah schon ganz verzagt und eingeschüchtert aus. Die Schnee-flocken fielen auf ihr langes, blondes Haar. Aus allen Fenstern strahlte heller Lichter-glanz und über alle Straßen verbreitete sich der Geruch von köstlichem Gänsebraten. Es war ja Silvesterabend, und dieser Gedanke erfüllte alle Sinne des kleinen Mädchens.

In einem Winkel zwischen zwei Häusern, von denen das eine etwas weiter in die Straße vorsprang als das andere, kauerte es sich nieder. Seine kleinen Beinchen hatte es unter sich gezogen, aber es fror nur noch mehr und wagte es trotzdem nicht, nach Hause zu gehen, da es noch kein Schächtelchen mit Streichhölzern verkauft, noch kei-nen Heller erhalten hatte. Es hätte bestimmt vom Vater Schläge bekommen, und kalt war es zu Hause ja auch; sie hatten das bloße Dach gerade über sich, und der Wind pfiff schneidend hinein, obgleich Stroh und Lumpen in die größten Ritzen ge-stopft waren. Ach, wie gut musste ein Schwefelhölzchen tun! Wenn es nur wagen dürfte, eins aus dem Schächtelchen herauszu-nehmen, es gegen die Wand zu streichen und die Finger daran zu wärmen! Endlich zog das Kind eins heraus. Ritsch! Wie sprühte es, wie brannte es. Das Schwefelholz strahlte eine warme, helle Flamme aus, wie ein kleines Licht, als es das Händchen um dasselbe hielt. Es war ein merk-würdiges Licht; es kam dem klei-nen Mädchen vor, als säße es vor

einem großen eisernen Ofen mit Messingbeschlägen und Messingverzierungen. Das Feuer brannte so schön und wärmte so wohltuend! Die Kleine streckte schon die Füße aus, um auch diese zu wärmen – da erlosch die Flamme. Der Ofen verschwand – sie saß mit dem Rest des ausgebrannten Schwefelholzes in der Hand da.

Ein neues wurde angestrichen, es brannte, es leuchtete, und an der Stelle der Mauer, auf welche der Schein fiel, wurde diese durchsichtig wie ein Flor. Die Kleine sah gerade in die Stube hinein, wo der Tisch mit einem blendend weißen Tischtuch und feinem Porzellan gedeckt stand, und köstlich dampfte die mit Pflaumen und Äpfeln gefüllte, gebratene Gans darauf. Und was noch herrlicher war, die Gans sprang aus der Schüssel und watschelte mit Gabel und Messer im Rücken über den Fußboden hin; gerade die Richtung auf das arme Mädchen schlug sie ein. Da erlosch das Schwefelholz, und nur die dicke, kalte Mauer war zu sehen.

Sie zündete ein neues an. Da saß die Kleine unter dem herrlichsten Weihnachtsbaum; er war noch größer und weit reicher herausgeputzt als der, den sie am Heiligabend bei dem reichen Kaufmann durch die Glastür gesehen hatte. Tausende von Lichtern brannten auf den grünen Zweigen, und bunte Bilder, wie die, welche in den Ladenfenstern ausgestellt werden, schauten auf sie hernieder. Die Kleine streckte beide Hände nach ihnen in die Höhe – da erlosch das Schwefelholz. Die vielen Weihnachtslichter stiegen höher und höher, und sie sah jetzt erst, dass es die hellen Sterne waren. Einer von ihnen fiel herab und zog einen langen Feuerstreifen über den Himmel. „Jetzt stirbt jemand!" sagte die Kleine, denn die alte Großmutter, die sie allein freundlich behandelt hatte, jetzt aber längst tot war, hatte gesagt: „Wenn ein Stern fällt, steigt eine Seele zu Gott empor!"

Sie strich wieder ein Schwefelholz gegen die Mauer; es warf einen weiten Lichtschein ringsumher, und im Glanze desselben stand die alte Großmutter hell beleuchtet mild und freundlich da.

„Großmutter!" rief die Kleine, „oh, nimm mich mit dir! Ich weiß, dass du verschwindest, sobald das Schwefelholz ausgeht, verschwindest, wie der warme Kachelofen, der köstliche Gänsebraten und der große, flimmernde Weihnachtsbaum!" Schnell strich sie den ganzen Rest der Schwefelhölzer an, die sich noch im Schächtelchen befanden, sie wollte die Großmutter festhalten; und die Schwefelhölzer verbreiteten einen solchen Glanz, dass es heller war als am lichten Tag. So schön, so groß war die Großmutter nie gewesen; sie nahm das kleine Mädchen auf ihren Arm, und hoch schwebten sie empor in Glanz und Freude; Kälte, Hunger und Angst wichen von ihm – es war bei Gott.

Aber im Winkel am Hause saß in der kalten Morgenstunde das kleine Mädchen mit roten Wangen, mit einem Lächeln um den Mund – tot, erfroren am letzten Tage des alten Jahres. Der Morgen des neuen Jahres ging über der kleinen Leiche auf, die mit den Schwefelhölzern, wovon fast ein Schächtelchen verbrannt war, dasaß. „Sie hat sich wärmen wollen!", sagte man. Niemand wusste, was sie Schönes gesehen hatte, in welchem Glanze sie mit der alten Großmutter zur Neujahrsfreude eingegangen war.

Quellen:

Seite 10/11 – Maria Ferschel (Text), Richard R. Klein (Melodie): Wir sagen euch an den lieben Advent. Christophorus-Verlag, Freiburg im Breisgau.

Seite 38 – Max Bolliger: Ein neugieriger Stern, aus: Bevor du einschläfst. Gebete, Gedichte, Geschichten zur guten Nacht. Verlag Herder Freiburg im Breisgau 2003. Seite 8.